세종 대왕,
바른 소리를 만들다

세종 대왕
바른 소리를 만들다

정수희 글 | 김병하 그림 | 신봉석 감수

1장 우리들의 연극, 세종 대왕 … 6

연극 대본이 나오다 … 8
세종 대왕 역은 누가 맡을까? … 12
충녕 대군이 세종으로 즉위하기까지 … 18

2장 글을 모르는 백성을 걱정하다 … 26

승환, 세종 대왕 공부 벌레가 되다 … 28
첫 번째 연극 연습 … 31
신하들의 반대에 부딪히다 … 42

3장 세종 대왕, 훈민정음을 만들다 … 48

훈민정음의 기틀을 잡다 … 50
승환이의 새 친구 … 54
스물여덟 자 속에 숨은 비밀 … 58
훈민정음을 세상에 알리다 … 66
훈민정음해례본을 만들다 … 72

4장 훈민정음, 세상에 널리 퍼지다 … 82

마지막 연극 연습 … 84
졸업 여행도 세종 대왕과 함께 … 88

똑똑 공부 자랑스러운 한글, 바르게 알고 쓰기 … 95

연극 대본이 나오다

드르륵!

선생님이 교실 문을 발로 밀고 들어오셨어요. 두 손 위에는 연극 대본 22권이 들려 있었지요.

"우아!"

"드디어 완성되었나 봐!"

아이들은 연극 대본을 보고는 박수를 치며 소리를 질렀어요.

"짜잔, 많이 기다렸지? 그동안 대본 쓰느라 고생한 작가님들께 박수를!"

연극 대본을 맡았던 준호와 민채, 예준이가 발그레한 얼굴로 친구들의 박수를 받았어요.

　세종초등학교에서는 해마다 10월에 축제가 열려요. 6학년 2반은 세종 대왕을 주제로 연극 공연을 하기로 했어요. 사실 처음에 선생님이 연극을 하자고 했을 때 대부분의 아이들은 반대를 했어요.

"선생님, 따분하고 재미없어요! 뜬금없이 웬 세종 대왕이에요?"

"맞아요, 우리 학교 학생들 대부분 세종 대왕 연극 안 보고 싶어 할걸요?"

"선생님, 우리 반에 춤 잘 추는 친구들 많은데, 댄스 팀 만들어서 댄스 공연하면 안 될까요?"

　평상시 아이들 이야기를 잘 들어주는 선생님이지만, 이번에는 웬일인지 쉽게 물러서지 않으셨어요.

"그래도 우리 학교가 '세종초등학교'인데, 선생님이 이 학교에서 근무하는 동안, 축제 때 세종 대왕을 주제로 뭔가를 하는 걸 한 번도 못 봤어요. 그리고 선생님 이름이 뭐예요, '한가람'이잖아요. '가람'이 무슨 뜻인 줄 아는 사람?"

　승환이가 조용히 손을 들고는 말했어요.

"'강'을 뜻하는 순우리말이요."

"그렇지, 승환이가 아주 잘 알고 있네요! 선생님 이름이 순수 한글이잖아요. 순우리말 중에는 예쁜 말들이 얼마나 많은지 알아요? 그리고 축제가 마침 한글날 전날이니, 이건 신의 뜻, 아니 세종 대왕의 뜻이 분명해요. 이번에는 양보 없어요!"

아이들이 "우!" 하고 낮은 소리를 냈어요. 그러자 선생님이 또 한마디를 덧붙였지요.

"그리고 연극을 하면 우리 반 전체가 참여할 수 있어요. 작가, 연출가, 배우, 의상 준비, 무대 준비, 분장. 얼마나 할 일이 많은데요? 선생님은 이 점도 참 마음에 들거든요."

그렇게 6학년 2반은 세종 대왕을 주인공으로 하는 연극을 공연하기로 했답니다.

세종 대왕 역은 누가 맡을까?

아이들은 대본에 코를 박고 읽기 시작했어요. 대본을 보며 키득거리는 소리가 여기저기에서 들려왔어요. 세종 대왕의 위대한 업적이나 지루한 역사 이야기만 있을 줄 알았는데 제법 재미난 대목도 많았거든요.

민채는 하도 대본을 들여다봤더니 눈두덩에 열이 오르는 것만 같았어요. 세종 대왕에 대한 책을 여러 권 찾아 읽고, 토요일에도 학교에 나와 선생님과 회의를 했던 생각이 갑자기 떠올랐지요. 키득거리는 다른 친구들과는 달리 준호와 예준이의 얼굴이 사뭇 진지했어요.

"자, 다들 한 번씩 훑어보았죠? 어떤가요?"

선생님이 묻자 아이들이 웃으며 대답했어요.

"생각보다 재미있어요."

선생님도 웃으며 말했어요.

"재미있다니 다행이군요. 세종 대왕은 우리 역사상 가장 훌륭한 왕으로 손꼽힐 만큼 아주 많은 일들을 했어요. 하지만 연극 시간이 짧으니, 세종 대왕의 모든 업적을 다루기는 힘들겠지요? 세종 대왕이 한 일 중에서도 가장 위대한 일로 손꼽히는 한글 창제에 대한 업적을 중점적으로 다룰 거예요. 자, 그럼 세종 대왕에 대한 이야기는 연극 준비하면서 차차 해 나가기로 하고 우선 배역부터 정해 볼까요? 혹시 대본 보면서 나는 꼭 이 역할을 맡았으면 좋겠다고 생각한 사람 있나요?"

배역을 정한다는 말에 교실이 또 소란스러워졌어요. 각자 맡고 싶은 역할을 친구들과 이야기하느라 시끌벅적했지요.

"자, 조용히! 세종 대왕 역 맡고 싶은 사람 있나요?"

승환이는 가슴이 두근거렸어요.

친구들과 선생님이 보는 가운데 무대에 서는 상상을 잠깐 하는 것만으로도 심장이 쿵쾅거렸거든요. 더구나 주인공이 된다면 어떤 기분일까, 생각만 해도 괜히 얼굴이 발그레해졌어요. 하지만 이내 말도 안 되는 생각이라며 머리를 젓고는 마음을 가라앉혔어요.

'우리 반에는 연기 학원 다니는 친구들도 있는데 내가 무슨 주인공이야. 집현전 학자 아니면 무리 지어 등장하는 백

성들 중 한 사람이나 맡지 뭐.'

아니나 다를까 반 친구들이 연기 학원에 다니고 있는 재영이를 추천했어요. 재영이는 싫지 않은지 얼굴은 웃고 있으면서도 손사래를 쳤어요.

"안 돼. 학원에서 아직 사극까지 진도가 안 나갔단 말야."

그때 선생님이 반 아이들을 한 명 한 명 천천히 둘러보며 말했어요.

"적극적으로 나서는 사람이 없네. 주인공이라 좀 부담스럽지요? 외워야 할 대사도 많고. 그렇다면, 음…… 승환아, 승환이가 한번 해 보는 게 어떨까?"

"네…… 네?"

승환이는 깜짝 놀라 아무 말도 하지 못했어요. 다른 친구들도 놀라기는 마찬가지였지요.

잠시 후 민성이가 반대를 하고 나섰어요.

"선생님, 왕은 근엄하고 멋진 분위기를 풍겨야 하는데 승환이는 좀……."

민성이 말에 선생님이 표정을 싹 바꾸고 말했어요.

"요즘 시대에 잘생긴 것만으로는 경쟁력이 없어요. 승환아, 그렇다고 네가 못생겼다는 건 아니란다. 요즘은 깊은 내면이 드러나는 개성 있는 캐릭터가 인기 아닌가요? 여러분은 전문 배우도 아니고 아이돌도 아니잖아요. 그리고 배우의 능력이란 번지르르한 외모가 아니라, 자신이 가진 특징을 잘 활용할 줄 아는 사람이라고 생각해요. 선생님이 매의 눈으로 봤을 때, 승환이의 내면에는 세종 대왕이 있어. 분명히!"

승환이가 생각해도 받아들이기 힘든 의견이었어요. 하지만 친구들이 대놓고 자신을 무시하는 것 같아 한편으로는 속상하고 부끄러웠어요. 승환이가 선생님에게 조심스럽게 이야기했어요.

"선생님, 저는 안경을 벗으면 앞이 잘 안 보여요. 그런데 세종 대왕은 조선 시대 왕이니까 안경 같은 거 안 썼을 거 아니에요. 그래서 저는 안 될 것 같아요."

그러자 선생님이 손바닥을 마주치며 딱 소리를 냈어요.

"그래, 승환아. 바로 그거야. 너와 세종 대왕의 닮은 점! 선생님이 세종 대왕의 어린 시절 이야기를 들려줄 테니까 잘 들어 봐요. 아마 선생님이 왜 승환이를 세종 대왕 역으로 추천했는지 알 수 있을 거예요."

충녕 대군이 세종으로 즉위하기까지

 세종의 할아버지는 조선을 세운 태조 이성계예요. 이성계가 조선을 세우고 스스로 왕이 되었을 때 그의 나이가 58세였지요. 지금이야 58세가 아주 많은 나이는 아니지만 조선 시대에는 그렇지 않았어요. 그래서 바로 세자를 세워 다음 왕이 될 후계자 준비를 시켜야 했지요.
 이성계는 첫 번째 부인과의 사이에 여섯 아들을, 두 번째 부인과의 사이에 두 아들을 두었는데, 이성계가 왕이 되었을 때, 첫 번째 부인 사이의 여섯 아들은 이미 다 커서 어른이 되어 있었지요.
 이성계는 두 번째 부인 사이의 두 아들 중 아직 어렸던

막내아들 이방석을 세자로 세웠어요. 하지만 첫 번째 부인 사이에서 낳은 다섯째 아들인 이방원이 이방석을 죽이고 말아요. 그리고 결국 이방원이 왕의 자리에 오르게 되지요. 그가 바로 조선의 3대 왕, 태종이에요.

　이방원은 원경 왕후 민씨와 결혼해서 4남 4녀의 자녀를 두었어요. 첫째 아들은 양녕 대군, 둘째 아들이 효령 대군, 셋째 아들이 충녕 대군, 넷째 아들이 성녕 대군이지요.

　첫째 양녕 대군은 자유롭고 호방한 성격으로 왕의 자리에 잘 맞지 않았어요. 그러자 태종은 무난하기만 한 효령 대군보다는 영특하고 심성이 고우며 생각이 깊은 충녕 대군을 왕의 자리에 앉혔어요. 그가 바로 우리가 잘 아는 세종이에요. 충녕 대군이 두 형들을 두고 왕의 자리에 올랐지만, 형제들끼리의 권력 다툼은 없었어요. 아버지 태종이 형제들과 피비린내 나는 싸움을 하며 왕의 자리를 지킨 것을 보고 자라서인지 우애가 좋은 편이었거든요.

　동생 성녕 대군은 14세라는 어린 나이에 병으로 세상을 떠났는데, 세종은 어린 동생의 병을 낫게 하기 위해 잠도 자지 않고 책을 뒤져 가며 치료법을 찾았다고 해요. 직접

약을 달여 먹이기도 했대요.

　충녕 대군은 어릴 때부터 책 읽는 것을 무척 좋아했어요. 어찌나 책을 많이 읽었는지 심한 눈병에 걸린 적도 있었지요. 날이 갈수록 눈이 안 좋아지자 아버지 태종은 충녕 대군의 눈병이 나을 때까지 방에서 책을 못 읽게 했대요. 내관들이 방에 있는 책을 다 치웠는데 미처 못 치운 책 한 권

이 병풍 뒤에 남아 있었던 것을 발견하고 충녕은 매우 기뻐 했다고 해요. 그래서 수십 번 읽었던 그 책을 읽고 또 읽으면서 행복해 했대요.

 책 읽는 습관은 왕이 되어서도 계속 이어졌어요. 밥을 먹을 때에도 밥상 옆에 책을 펼쳐 놓고 읽었다고 하니, 말 다 했지요? 고단한 하루 일과를 다 끝낸 다음에도 곧장 잠드는 법이 없이 반드시 책을 읽었다고 해요.

 또 충녕 대군은 여러 가지 분야에 호기심이 많았어요. 음악이면 음악, 농업이면 농업, 과학이면 과학 모르는 분야가 없을 정도였으니까요.

세종에 대해 흥미로운 사실 중 하나는 책을 사랑하는 것만큼이나 고기를 사랑했다는 거예요. 그래서 날마다 고기반찬을 먹었고, 수라상에 고기가 없으면 수저를 들지 않았다는 기록이 있을 정도예요.

세종의 각별한 고기 사랑은 아버지 태종도 잘 알고 있었어요. 그래서 태종은 죽기 전에 이런 유언을 남겼지요.

'주상은 하루라도 고기를 안 먹으면 안 되니 내가 죽고 상중이라도 왕은 고기를 먹게 하여라.'

하지만 세종은 아버지가 돌아가셨는데 어찌 고기를 먹겠냐며 입에도 대지 않았어요. 신하들이 세종에게 계속 고기를 권했지만 세종은 단호하게 거부했지요. 그런데 두 달쯤 지나자 세종의 몸이 점점 이상해졌다고 해요. 몸에 있던 진기가 빠져서 허약해지는 병에 걸리고 말았던 거지요. 그러자 신하들이 모두 나서서 제발 고기를 먹으라고 간청을 했다고 해요.

세종은 고기 먹는 것은 좋아하지만 운동하는 것은 싫어했대요. 배불리 먹고 앉아서 책만 보니 몸에는 살이 많이 붙고 여기저기 아픈 곳이 많았지요.

눈병은 늘 세종을 괴롭혔고 세종은 '소갈증'이라는, 오늘날 '당뇨병'이라 일컫는 병에 걸렸어요. 이 병 때문에 갈증이 심해 하루에 물을 한 동이씩 마셔야 했고, 젊은 나이 때부터 한쪽 다리를 제대로 쓰지 못하기도 했대요.

선생님의 이야기를 다 듣고 나서 민성이가 질문했어요.

"선생님, 결국 승환이가 고기를 좋아하고, 책 읽기를 좋아해서 세종 대왕 역으로 추천하신 거예요?"

선생님이 민성이의 질문에 살며시 웃으며 승환이에게 물었어요.

"하지만 무엇보다 승환이의 생각이 중요하겠죠. 승환아, 어때, 해 보겠니?"

승환이는 꿀 먹은 벙어리가 된 것마냥 아무 말도 하지 못했어요. 그러다 무슨 용기가 생겼는지 갑자기 자리에서 벌떡 일어나 말했어요.

"네, 제가 세종 대왕 역을 해 보겠습니다!"

세종 대왕은 어떻게 왕이 되었을까?

조선의 네 번째 왕인 세종의 이름은 '도', 자는 '원정'이에요. '세종'이라는 이름은 왕이 세상을 떠난 뒤에 후세 사람들이 붙인 이름이에요. 이도는 1408년(태종 8년)에 충녕군, 1412년(태종 12년)에 충녕 대군이 되었어요.

세종의 아버지 태종은 1404년(태종 4년)에 양녕을, 왕의 자리를 이을 아들인 왕세자의 자리에 올렸어요. 이때 양녕은 11세의 나이였지요. 양녕은 어릴 때부터 자유분방한 성격으로 말을 타거나 활쏘기를 좋아했어요. 어른이 된 후에도 착실하게 글공부를 하기보다는 자주 궁궐 밖으로 나가, 태종의 눈 밖에 났지요. 태종은 양녕을 불러들여 꾸짖기도 하고 타이르기도 했지만 별 소용이 없었어요.

결국 1418년(태종 18년)에 태종은 양녕을 세자에서 폐하고, 셋째 아들인 충녕을 세자로 삼았어요. 둘째 아들인 효령 대군은 절로 들어가 승려가 되었고, 넷째 아들인 성녕 대군은 병으로 세상을 떠났지요.

효령 대군은 효심이 깊고, 어릴 때부터 독서와 활쏘기에 소질이 있었어요. 게다가 성격도 원만해서 친족들과도 사이가 좋았기 때문에 나중에 충녕 대군이 왕이 되고 난 이후에도 나랏일을 함께 의논했다고 해요.

충녕은 왕세자가 된 지 두 달 만인 1418년 22세의 나이에 왕이 돼요. 왕위에 오른 충녕은 아버지 태종과 함께 나라를 다스리게 되지요.

연주암 삼층석탑
관악산 연주암 대웅전 앞에 있는 3층 석탑이에요. 양녕 대군과 효령 대군이 충녕 대군에게 왕위를 계승하도록 부탁하고, 궁궐을 나와 연주암에서 수도할 때 효령 대군이 세운 탑이라고 전해져요.

2장
글을 모르는 백성을 걱정하다

승환, 세종 대왕 공부 벌레가 되다

"이제부터 나는 승환이가 아니라 세종 대왕이야. 제대로 해서 친구들을 깜짝 놀라게 할 거야!"

세종 대왕 역을 맡게 된 승환이는 도서관에 가서 세종 대왕과 관련된 책을 잔뜩 빌렸어요. 집에 와서는 컴퓨터로 영화나 드라마에 나온 세종 대왕의 모습을 찾아보았지요.

"뭐야, 배우들이 너무 근사하잖아! 나처럼 통통한 세종 대왕은 어디에도 없는걸."

고기를 좋아하는 세종 대왕과 닮았다고는 하지만, 이왕 주인공을 맡았으니, 승환이는 몸무게를 조금이라도 줄여

보고 싶었어요.

"연극이니까 화면발이 아니라 무대발이 있긴 하겠지만 조금만 더 날씬해져 볼까?"

승환이는 연극이 끝날 때까지 치킨과 햄버거, 콜라도 먹지 않기로 마음먹었어요. 가족들에게도 유혹하지 말아 달라고 신신당부를 했지요.

승환이는 연극 공연이 끝날 때까지만 당분간 학원도 끊고 연습에만 집중하기로 했어요. 그리고 학교 수업이 끝나면 곧장 집으로 와서 세종 대왕에 대해 공부해 나갔지요.

"아, 이래서 세종 대왕, 세종 대왕 하는구나. 진심으로 백성과 나라를 사랑하지 않았다면 이렇게까지 하지 못했을 것 같아."

승환이는 공부를 하면 할수록 세종 대왕이 존경할 수밖에 없는 대단한 인물이라는 것을 느꼈어요.

 승환이는 그동안 책을 통해 얻은 정보와 인터넷 자료 등을 모아 하나의 문서 파일로 정리하기로 했지요.

 "반 친구들에게 나누어 주고 함께 보면 연극하는 데 도움이 많이 될 거야."

첫 번째 연극 연습

드디어 첫 번째 연극 연습 시간이 되었어요. 선생님은 어디에서 구하신 건지 빵모자를 쓰고 나타났어요.

"어때, 연극 연출가 같나요?"

아이들이 키득키득 웃어 대자 선생님은 쑥스러운 듯 모자를 다시 벗었지요.

"흠, 흠. 다들 대사는 외워 왔겠죠? 그나저나 승환이가 제법 공부를 많이 한 모양이던데, 승환이가 나누어 준 자료, 여러분 모두 읽어 봤지요? 아무래도 주인공을 제대로 뽑은 것 같다니까!"

승환이는 대본을 얼마나 들여다보았는지 끝이 벌써 너덜

너덜하고 빨간 펜, 파란 펜으로 메모를 해 두어 대사도 잘 보이지 않을 지경이었어요.

"음, 오늘은 백성들이 글자를 못 읽는다는 사실을 심각하게 여기고 세종 대왕이 글자를 만들기로 마음을 먹는 장면까지 연습해 봅시다. 백성 1, 백성 2, 백성 3과 이방 맡은 친구들 먼저 앞으로! 소품, 한자로 쓴 방 준비됐지?"

소품을 맡은 지현이가 한자가 가득 적힌 종이 한 장을 들고 와 칠판 앞에 붙였어요. 백성 1과 백성 2, 백성 3을 맡은 친구 셋이 방 앞에 섰지요. 그리고 외워 온 대사대로 연기를 하기 시작했어요.

백성 1: 이것이 뭔 말이여? 당최 모르겠네.

백성 2: 무식하긴. 흰 것은 종이요, 검은 것은 글자 아닌가? 한자로 쓰인 말은 다 좋은 말이여.

백성 3: 나는 그래도 우리 주인 집 도련님 서당 따라댕기믄서 한 일(一)부터 열 십(十)까지랑, 하늘 천(天), 땅 지(地),는 배웠구먼. 이것 봐, 이것이 하늘 천(天) 자여.

이방: 허잇, 더러운 손으로 임금님의 옥새가 찍힌 방을 만지는 게냐?

백성 1: 이방 나리, 여기에 뭐라 적혀 있습니까요?

이방: 흠. 그러니까 농사를 지을 때 임금께서 만드신 《농사직설》이라는 책을 보고 농사를 지으면 풍년이 올 터이니 그리하라 그 말이다.

백성 2: 이렇게 짧은 방도 못 읽는데 저희 같은 까막눈이 무슨 수로 책을 봅니까요?

이방: 하, 그러니까 나도 답답하단 말이다. 일일이 설명해 주고 다니다 보니 입술이 다 부르트고 난리다.

우리 사정에 맞게 쓴 농사 책 《농사직설》

세종은 우리나라의 날씨와 땅의 성질에 맞는 농사 기술을 담은 《농사직설》을 간행하도록 했어요. 땅을 고르는 법, 씨를 뿌리는 법, 김 매는 법, 농작물을 수확하는 방법 등의 농사 기술이 널리 퍼지면서 농작물의 수확이 늘어나고, 농업이 발달하게 되었지요.

"오, 제법인데!"

선생님이 연기를 한 친구들에게 박수를 쳐 주었어요. 친구들도 긴장한 표정으로 바라보다 얼굴 가득 웃음을 머금었어요.

다음 등장 인물은 바로 세종 대왕, 승환이었어요. 승환이가 달을 바라보며 한탄하듯 혼잣말을 하는 대목이지요.

"자, 다음은 세종 대왕과 내관."

선생님이 부르자 승환이와 내관 역을 맡은 지형이가 앞으로 나갔어요. 그런데 승환이의 얼굴을 보니 그동안 자신만만하게 준비하던 모습은 온데간데없고, 표정이 딱딱하게 굳어 있었어요. 승환이는 자신을 바라보는 친구들 앞에 서자 심장이 튀어나올 듯이 떨렸어요. 머릿속도 하얘지고 혀도 굳어 버린 것 같았지요. 지형이가 맡은 대사를 완벽하게 해내자 이상하게 다리까지 후들거렸어요.

내관: 전하, 밤이 깊었사옵니다. 어찌 침소에 드시지 않고 근심이 가득하시옵니까?

세종 대왕: 배, 배, 배, 백성들이 그, 그, 글을 모, 모, 못…….

  승환이는 결국 주저앉아 버렸어요. 아이들은 승환이를 보며 짐짓 안타까워하는 눈길로 바라봤어요. 그때 민성이의 말에 승환이의 심장은 더 쪼그라드는 것만 같았지요.
  "선생님, 세종 대왕께서 야식으로 고기를 너무 많이 드신 모양이에요. 크크."

선생님이 승환이를 일으켜 세우며 말했어요.

"승환아, 주인공 역할이 많이 버거운 모양이구나? 얘들아, 승환이가 부담감을 크게 느끼나 봐. 그렇게 얄미운 소리 할 생각일랑 말고 친구에게 용기 좀 주렴."

그제야 친구들이 박수를 쳐 주었어요. 승환이가 겨우 내관 옆으로 가서 섰지만 대본을 든 손은 바들바들 떨리고 눈에서는 금방이라도 눈물이 쏟아질 것 같았지요.

지형이가 승환이를 흘끗 보고는 선생님 신호에 맞추어 다시 대사를 했어요.

내관: 전하, 밤이 깊었사옵니다. 어찌 침소에 드시지 않고 근심이 가득하시옵니까?

승환이 차례가 돌아왔어요. 승환이가 깊은 숨을 훅 내뱉고는 입을 앙다물었어요. 친구들은 승환이의 얼굴과 동작을 숨죽이며 바라보았지요. 승환이가 준비가 되었다는 듯 헛기침을 하고는 입을 열었어요.

세종 대왕: 배, 배, 백성들이 그, 글을 읽지 모, 못하니…….

　그때 민성이가 또 얄미운 표정으로 소리쳤어요.
　"세종 대왕이 말을 더듬었다는 기록도 있나요?"
　민성이의 말에 승환이는 결국 울음을 터트리고 말았어요. 선생님이 말없이 민성이를 한 번 쏘아보고는 승환이에게 다가갔어요.
　"승환아, 잠깐 선생님이랑 이야기 좀 할까?"
　선생님은 승환이를 데리고 복도로 나왔어요. 승환이가 울먹이며 말했어요.
　"선생님, 저 세종 대왕 역할 안 할래요. 못하겠어요."
　선생님이 승환이의 등을 어루만져 주며 말했어요.
　"승환아, 너라서 못하는 게 아니야. 처음이라서, 주인공이라는 부담감이 커서 그래. 그 역할은 누가 맡더라도 그럴 거야. 이제 겨우 첫 연습인데 벌써 포기할 생각을 하는 거야? 세종 대왕께서 실망하시겠는걸?"
　승환이가 다시 말을 하려고 하자 선생님이 먼저 조곤조곤 말했어요.

"승환아, 너 세종 대왕에 대해 공부 많이 했잖아. 어떤 마음으로 했는지 다시 한번 떠올려 봐. 세종 대왕이라면 이리 쉽게 포기 안 할걸. 세종 대왕이 한글을 만들 때 장애물이 얼마나 많았는 줄 알지? 훈민정음이 만들어진 원리가 훌륭하기도 하지만 힘든 과정을 이겨 내고 만들어졌기 때문에 더욱 위대한 거야. 승환아, 다시 해 보자. 오늘만 잘 버티면 분명 달라질 거야. 연극도, 너도 말이야."

선생님은 먼저 교실로 들어갔어요. 승환이는 눈물자리를 닦으며 생각했어요.

'그래, 대사는 다 외웠으니까 일단 외운 대사를 읊기라도 해 보는 거야.'

승환이가 다시 교실로 들어와 지형이 옆에 가서 섰어요. 지형이가 슬며시 승환이의 손을 잡았다 놓았어요. 선생님의 신호에 맞추어 지형이가 다시 대사를 했어요.

내관: 전하, 밤이 깊었사옵니다. 어찌 침소에 드시지 않고 근심이 가득하시옵니까?

세종 대왕: 백성들이 글을 읽지 못하니 나라의 법도 알지 못하고 예도

알지 못해 큰일이구나. 한자는 공부를 많이 한 양반들도 깨우치기 어려운데 하루하루 일하기 바쁜 백성들은 오죽하겠는가. 백성들이 쉽게 배우고 쓸 수 있는 우리만의 글자가 있어야 해.

 승환이가 겨우 대사를 마치고는 "후!" 하고 깊은 숨을 몰아쉬었어요. 그런데 선생님이 고개를 갸웃하며 승환이에게 말했어요.
 "승환아, 대사 외우느라 수고했어. 정말 잘했는데, 목소리가 내관보다 작고 힘이 없어 보이네? 세종 대왕은 인자하지만 나약하지는 않았을 것 같거든. 목소리 연구 좀 더 해 보자꾸나."
 그러자 승환이가 풀이 죽은 목소리로 겨우 대답하고는 자리로 돌아갔어요.
 승환이는 집으로 가서 드라마와 영화 속에서 배우들이 세종 대왕을 어떻게 연기했는지 영상을 찾아보았어요. 수십 번 영상을 보며 연습했지만 막상 친구들 앞에 서니 아무 생각도 나지 않고 개미만큼 작아져 숨고만 싶었던 거예요.

뜻글자인 한자와 소리글자인 한글

한자는 중국어를 표기하는 중국 고유의 문자로, 처음 만들어진 시기는 정확하지 않지만 약 3천 년에서 5천 년 전에 만들어진 것으로 추정돼요. 중국과 가까이 있는 우리나라나 일본은 중국으로부터 전래된 한자를 사용하고 있어요. 우리나라에는 한자가 언제 전래되었는지 정확하지는 않지만, 세종 대왕이 훈민정음을 창제하기 전까지는 주로 한자를 사용해 왔어요. 한자는 훈민정음을 창제한 이후에도 한글과 함께 지금까지 사용하고 있는 문자예요.

한자는 글자 하나하나가 뜻을 나타내는 대표적인 뜻글자예요. 한자와 같은 뜻글자는 글자 하나하나가 뜻을 가지고 있기 때문에 배워야 할 기본 글자 수가 많아요. 반면, 한글은 말소리를 그대로 표현한 소리글자예요. 소리글자는 글자 하나가 소리이기 때문에 글자 하나로만 뜻을 나타낼 수는 없어요. 영어도 소리글자에 속하지요. 한글에서 글자와 글자를 결합해서 쓸 수 있는 모든 문자의 개수는 만 개 이상이 넘는다고 해요.

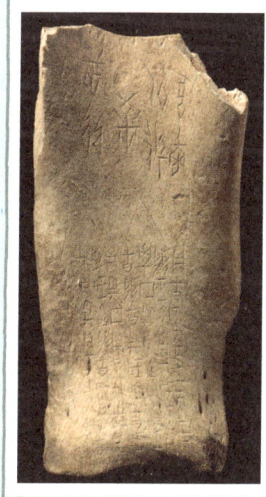

은허 갑골문
중국의 하남에서 출토된 상나라 때의 갑골 문자예요. 이 문자를 한자의 기원으로 보기도 하지요.

신하들의 반대에 부딪히다

며칠 뒤 다시 연극 연습이 시작되었어요. 선생님이 연습에 앞서 미리 설명을 해 주었어요.

"조선 시대 양반과 관리들은 백성들이 글자를 알기를 원했을까요, 모르기를 원했을까요?"

그러자 음악 담당 진경이가 말했어요.

"당연히 알기를 원했겠죠. 답답하잖아요."

"그래요, 물론 백성들이 글자를 깨우치기를 원하는 선비들도 분명 있었을 거예요. 하지만 대체로 그 반대 의견을 가진 벼슬아치들이 많았어요. 백성이 글자를 알면 부조리한 법이나 제도에 대해 눈을 뜰까 봐 두려웠던 거죠."

그러자 진경이가 또 말했어요.

"아, 양반은 대대손손 잘살고, 상민과 천민은 죽도록 일만 하는데도 입에 풀칠하기도 어려웠으니 정말 불공평하다고 생각했을 것 같아요."

"오늘은 그 대목을 연습해 볼 거예요. 백성을 위한 글자를 만들려고 하는 세종 대왕과 반대하는 신하들이 어떻게 입씨름을 하는지 봅시다. 자, 집현전 학자 팀이랑 세종 대왕, 앞으로 나와서 준비!"

집현전 학자 1과 학자 2를 맡은 두 친구와 승환이가 앞으로 나왔어요. 승환이는 벌써부터 또 입술이 바들바들 떨렸어요. 친구들에게 떨고 있다는 것을 들키지 않으려고 애쓸수록 더 심하게 떨렸지요. 입술을 너무 꽉 깨물어 피가 날 지경이었어요.

승환이 앞으로 집현전 학자를 맡은 친구 둘이 섰어요.

세종 대왕: 한자는 중국의 글자이고, 백성들이 한자를 제대로 알기란 하늘의 별 따기만큼이나 어려운 일이오. 짐은 우리 백성들이 배우기 쉽고 쓰기 쉬운 글자가 있었으면 하는데 그대들의 생각은 어떠하오?

목소리의 떨림은 그대로 전해졌지만 그래도 처음 연습했을 때보다는 목소리도 조금 커지고 위엄이 생긴 것처럼 들렸어요. 긴 대사를 토씨 하나 틀리지 않고 해서 친구들도 감탄을 했지요.

학자 1: 전하, 중국은 대국이옵니다. 한자 말고 다른 글자는 모두 오랑캐의 것입니다. 중국에서 알면 분명 싫어할 것입니다.
학자 2: 예, 전하. 그리고 백성들이 글을 알기 시작하면 말도 안 되는 억지와 떼를 쓸 것이 분명하며 나라가 큰 혼란에 빠질 것이옵니다.
세종 대왕: 그대들의 뜻을 잘 알았네. (혼잣말로) 저 둘의 의견이 사대부들 대부분의 생각일 거야. 새로운 글자를 만드는 것을 알면 벌떼처럼 일어나 반대할 거야. 글자 만드는 일은 비밀에 부칠 수밖에 없겠군.

"오, 승환이 많이 연습했나 보구나! 앞으로 더 잘할 수 있을 거야. 파이팅!"

선생님이 승환이를 향해 주먹을 불끈 쥐며 말했어요. 그러자 예나가 뽀로통하게 말했어요.

"선생님, '파이팅'이 뭐예요? 세종 대왕 연극하면서 우리말 고운 말 써야 하는 거 아닌가요?"

그러자 선생님이 머리를 긁적이며 말했어요.

"앗, 실수! 하하, 예나 말이 맞다. 앞으로 선생님도 조심할 테니까 함께 우리말을 쓰도록 노력해 보자."

조선 시대 학문 연구 기관, 집현전

집현전은 세종 때 궁중에 설치했던 학문 연구 기관으로, 세종은 집현전에 젊은 학자들을 많이 들여서 학문을 연구하게 했어요.
집현전의 가장 높은 자리가 대제학이고 그 다음이 부제학인데, 세종 때에는 집현전의 주 업무를 거의 부제학이 맡아했어요. 집현전 부제학이 바로 최만리예요. 즉 최만리는 집현전 최고 책임자였지요.
당시 조선 시대 사대부들은 중국을 최고라고 생각했기 때문에, 집현전 최고 책임자인 최만리를 비롯한 많은 학자들이 상소까지 올리며 훈민정음에 반대했어요. 중국 글자와 완전히 다른 소리글자를 만드는 것은 오랑캐나 하는 일이라고 생각했던 거예요. 당시 한자와 다른 글자를 가진 몽고, 여진, 일본 등의 나라를 오랑캐라고 생각했기 때문에 우리도 따로 글자를 만들고 한자를 쓰지 않는다면 오랑캐가 되는 것이라고 여겼지요. 또 중국 책을 읽는 것을 학문으로 여겼던 당시에는 쉬운 글자가 생기면 어려운 한자로 된 중국의 높은 학문과 멀어지는 것이라고 생각했던 거예요.
세종이 집현전에 많은 책을 두고 학자들이 연구에 집중할 수 있도록 한 덕에, 수많은 책들과 더불어 재능과 능력 있는 많은 학자들이 배출되었어요.

경복궁 수정전
조선 세종 때 집현전으로 쓰이던 건물로, 현재 서울 종로에 있어요.
임진왜란 때 불탔지만 고종 때 다시 지었어요.

3장
세종 대왕, 훈민정음을 만들다

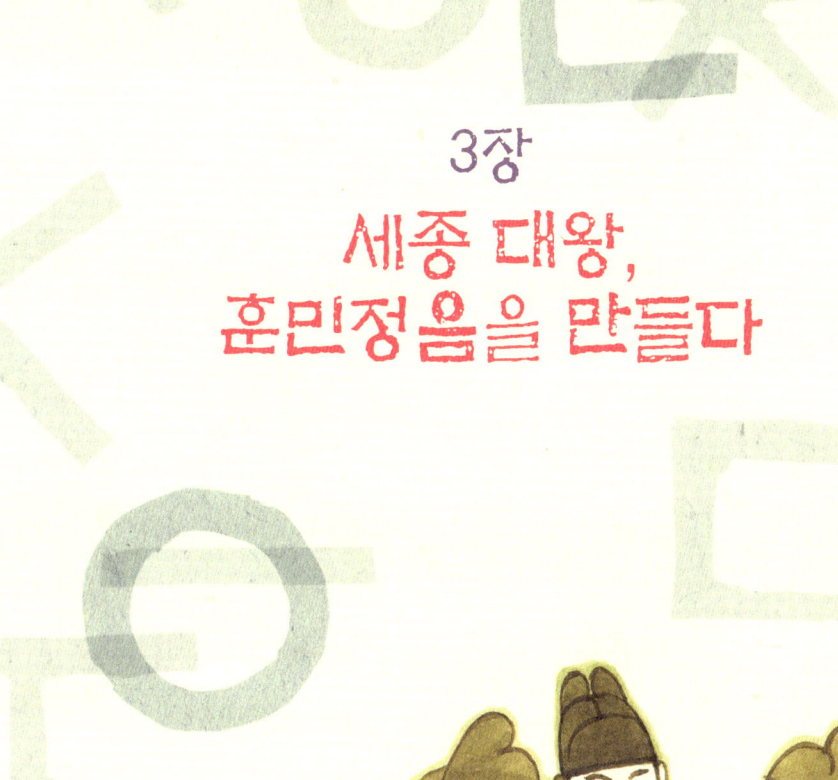

훈민정음의 기틀을 잡다

연극 연습은 거의 매일 이루어졌어요. 연습을 할수록 아이들도 더 흥을 내고 승환이도 제법 목소리가 차분해지면서 왕다운 위엄도 생겨났지요.

"오늘은 세종 대왕이 훈민정음을 만들기 위해 고심하는 장면을 연습해 볼 거예요."

이때 집현전 학자 역을 맡은 나은이가 물었어요.

"선생님, 그런데 글자라는 게 몇 사람이서 뚝딱 만들 수 있는 거예요?"

"당연히 힘든 일이겠죠. 세상에는 많은 글자들이 있지만 한글처럼 특정한 누군가가 만든 예는 거의 없거든요. 그래서 '훈민정음'은 유네스코 세계 기록 유산으로도 등재되었어요. 세종 대왕은 누구도 쉽게 상상할 수 없는 어려운 일을 해낸 것이지요."

나은이가 또 궁금하다는 듯 물었어요.

"선생님, 정말 정말 궁금한데 인터넷도 없던 시대에 어떻게 정보를 모으고 공부를 했을까요?"

선생님이 빙긋 웃으며 말했어요.

"여러분은 인터넷이 없는 시대를 상상조차 못 할 거예요. 세종 대왕은 자신과 뜻이 맞는 집현전 학자들을 모았어요. 학자들과 함께 중국의 책으로 글과 말에 대한 연구를 끝까지 파고들었지요. 세종 대왕이 어찌나 깊게 공부를 했는지, 언어에 관해서는 집현전 학자들 중에서도 세종 대왕을 이길 사람이 없었다고 해요. 세종 대왕은 그 노력 끝에 아주 창조적인 글자를 만들어 낸 거예요. 성실함만 있는 게 아니라 빛나는 창의력도 있었기에 가능한 일이었을 거예요. 그럼 집현전 학자들과 세종 대왕의 대화를 통해 조금 더 알아볼까요?"

집현전 학자 역을 맡은 두 친구와 승환이가 앞으로 나왔어요. 셋은 자못 진지한 얼굴을 하고 천천히 대사를 주고받았어요.

세종 대왕: 중국의 음운학을 아무리 파고들어도 우리 글자를 만드는 데에는 적용하기가 퍽 힘들구나.

학자 1: 예, 전하. 한자보다는 열 배 아니 백 배는 더 쉬워야 하는데 마땅한 방도를 마련하지 못해 송구하옵니다.

세종 대왕: 저기 저 나무 위의 새가 뭐라 지저귀는 것 같으냐?

학자 2: 짹, 짹, 째재잭 하고 우는 것 같사옵니다.

세종 대왕: 그 소리를 글자로 쓸 수 있겠는가?

학자 3: 소리를 뜻하는 한자가 몇 떠오르긴 합니다만, 새소리와 똑같이는 못 쓰겠나이다.

세종 대왕: 바로 그것이다. 한자와 다른 우리만의 글자. 그건 바로 모든 소리를 담을 수 있는 글자인 것이다. 그런 글자라야 백성들이 배우기도 쉽거니와 쓰기도 쉬울 것이다.

한자음을 하나로 통일하기 위해 만든 책

세종은 일반 백성들도 배우기 쉬운 글자를 만들어, 나라를 다스리는 근간이 되는 '충'이나 '효'와 같은 유교의 가르침을 널리 퍼뜨리고자 했어요. 또 한글로 한자음을 통일하고자 했지요. 한글이 만들어지기 전에 쓰던 한자는 같은 글자도 다르게 발음될 때가 많아서 무척 어려웠어요. 그래서 한글을 만든 후, 한자로 된 중국 책을 한글 발음으로 번역해 놓는 작업을 했어요.
《동국정운(東國正韻)》은 '우리의 바른 소리'라는 뜻으로, 한자음을 하나로 통일하기 위해 만든 책이에요.

승환이의 새 친구

 승환이가 연극 준비를 하고 세종 대왕 역을 맡기 전까지는 사실 단짝 친구라고 할 만한 친구가 없었어요. 평소에 어느 무리에도 끼지 않은 채 혼자 조용히 지내는 편이었지요. 그러다 이번 연극에서 내관 역을 맡은 지형이와 좀 더 가까워졌어요. 지형이는 대사가 많은 편은 아니었지만 세종 대왕이 등장하는 장면에서는 거의 함께 나오거든요.

 오늘도 연극 연습이 끝나고 승환이는 지형이와 함께 집으로 가는 중이었어요. 집에 가는 길에 지형이가 말했어요.

 "승환아, 햄버거 먹으러 갈래? 통 닭다리 살로 만든 매콤한 햄버거 새로 나왔던데."

햄버거라는 말에 승환이 눈이 번쩍 뜨였어요. 그러다 이내 풀이 죽은 목소리로 말했지요.

"아니야, 나 연극 끝날 때까지 다이어트 할 거야. 햄버거 안 먹을래."

그러자 지형이가 갑자기 허리를 굽실거리며 말했어요.

"전하, 하나밖에 없는 내관이 이리도 간청하는데 한 번만 들어주시옵소서. 야, 그리고 햄버거 하나 먹는다고 뚱뚱해질까 봐 그래? 뭐, 세종 대왕도 뚱뚱했다며?"

승환이는 지형이의 우스갯소리에 져 주는 척하며 햄버거 가게로 들어갔어요. 지형이가 햄버거를 고르다 말고 승환이에게 물었어요.

"승환아, 우리 떡이나 약과에 수정과 마셔야 하는 거 아니야? 세종 대왕이 햄버거에 콜라라니, 말이 안 되잖아!"

지형이의 농담에 승환이는 또 한 번 웃음이 터졌지요.

승환이가 햄버거를 먹으며 가게 곳곳에 붙은 메뉴들을 찬찬히 보았어요

"지형아, 나는 이제 글자 하나하나가 모두 특별해 보여. 자음을 감싸고 있는 모음들이 아름다워 보인다니까!"

그러자 지형이가 엄지손가락을 치켜들며 말했어요.
"오, 역시 세종 대왕! 사실 나도 늘 보던 글자들이 새롭게 보일 때가 많아. 만약에 한글이 없었다면 어땠을까?"
승환이가 한숨을 내쉬며 말했어요.

"한자 자격 시험 보느라 인생 다 쓰겠지 뭐."

"맞다, 맞아. 햄버거니 콜라니 이런 외국어도 한글이 있으니 소리 나는 대로 적을 수 있는 거잖아. 세종 대왕은 정말 대단하신 분이야."

승환이가 남은 콜라를 후루룩 마시고는 말했어요.

"이제 그만 가자. 가서 발음 연습 좀 더 해야겠어. 요즘 한글 발음 정확하게 가르쳐 주는 동영상 찾아보면서 연습하고 있거든."

지형이가 콜라 컵에 든 얼음을 와작 깨물며 말했어요.

"승환아, 전에 친구들이랑 너 놀렸던 거 사과할게. 그때는 너를 잘 몰라서 그랬어. 네가 친구들이랑 잘 안 어울리려고 하는 것 같아서 괜히 심술이 났었나 봐."

승환이가 붉어진 얼굴로 말했어요.

"김 내관, 고마워."

스물여덟 자 속에 숨은 비밀

다시 연극 연습 시간이 되었어요. 그런데 오늘은 선생님이 빵모자를 쓰지 않았어요.

"오늘은 훈민정음이 어떤 원리로 만들어졌는지 알아보는 시간을 가져 보려고 해요. 연극에 훈민정음의 원리를 모두 담기는 어려워서 간단하게만 짚고 넘어갔는데, 그렇다고 우리까지 간단하게만 알고 넘어가면 안 되잖아요?"

그러고는 선생님이 칠판에 'ㅁ'을 크게 썼어요.

"이거 발음해 볼 사람?"

친구들 여럿이 말했어요.

"미음이잖아요."

그러자 선생님이 다시 물었지요.

"미음 맞아요. 하지만 미음은 이름이지 발음은 아니죠?"

승환이가 손을 들고 말했어요.

"아, 미음은 자음이니까 미음만 가지고서는 소리를 낼 수 없어요."

빙글빙글 웃기만 하던 선생님이 손뼉을 치며 말했어요.

"그렇지! 자음 혼자서는 소리를 낼 수 없어요. 반드시 모음이 있어야 소리를 낼 수 있지요. 그럼 모음 중에서 가장 소리가 약한 'ㅡ'를 붙여서 소리를 내 볼까요?"

선생님이 'ㅁ' 아래에 모음 'ㅡ'를 붙이자 친구들이 모두 "므" 하고 소리를 내어 읽었어요.

"모음을 붙여서 읽어 보니까 어때요? 혹시 소리가 어디서 나는 줄 알겠나요?"

선생님의 물음에 친구들은 소리에 집중하며 "므" 하고 여러 번씩 소리를 내 보았어요. 그러다 준호가 손을 들고 말했어요.

"선생님, 입술을 붙였다 뗄 때 소리가 나는 것 같아요."

선생님이 웃으며 말했어요.

"맞았어! 미음은 입술에서 소리가 나요. 미음은 입술을 다물고 있는 모양을 본떠서 만든 거예요."

선생님의 말에 친구들은 서로 짝꿍의 입술을 바라보며 'ㅁ'과 닮았네 안 닮았네 하며 시끌벅적하게 떠들었어요.

"어때, 신기하죠? 세종 대왕은 자음을 소리가 나는 곳의 모양을 본떠서 만들었어요. 그럼 자음 중에 'ㅇ'은 어떤 곳의 모양을 본떠서 만들었을까요?"

그러자 이번에는 모두들 "으" 하고 소리를 내 보았어요. "으" 하고 아랫입술을 한껏 아래로 내리자 턱에 주름이 생겨나면서 우스운 얼굴이 되었어요. 반 친구들은 서로 더 우스꽝스러운 표정을 짓겠다며 장난을 쳤어요. 교실은 웃음바다가 되었지요.

선생님도 아이들과 함께 웃다 박수를 치고는 다시 설명을 이어 갔어요.

"'으' 소리가 목구멍 깊은 쪽에서 나는 것 같지요? 'ㅇ'은 목구멍의 둥근 모양을 본떠서 만든 거예요. 기본 자음인 'ㄱ, ㄴ, ㅁ, ㅅ, ㅇ'은 이렇게 소리가 나는 곳의 모양을 본떠서 만들었어요. 그런 다음 기본 자음에 획을 더 긋거나 하는 방식으로 다른 자음들도 만들어 나간 거지요."

선생님이 책상 서랍에서 휴대 전화를 꺼내더니 자판을 열어 보였어요.

"여러분도 매일 누르는 휴대 전화 자판이에요. 우리가 많이 쓰는 이 자판 형식을 '천지인 형식'이라고 하는데, 들어 본 적 있나요?"

그러자 모두들 고개를 저었지요.

"그래, 뭐 그렇다 치고. 이 자판을 볼까요? 맨 위에 'ㆍ, ㅡ, ㅣ'가 보이죠? 세종 대왕은 'ㆍ'는 둥근 하늘, 'ㅡ'는 평평한 땅, 'ㅣ'는 서 있는 사람을 뜻한다고 했어요. 그래서 한자를 써서 '천지인'이라고 하는 거예요. 천지인 기본 모음에 획을 추가하는 방식으로 다른 모음들도 만들어 나갔지요. 이렇게 몇 가지 자음과 모음만으로 수많은 소리를 표기할 수 있다는 사실이 놀랍지 않나요?"

그러자 지형이가 손을 들고 말했어요.

"선생님, 저희 이모부가 프랑스 사람인데요, 한글을 쓰고 읽는 건 하루에 다 뗐어요. 그래서 우리 가족들이 이모부한테 천재라고 막 칭찬했거든요? 근데 지금 보니까 저희 이모부가 천재여서가 아니라 세종 대왕이 한글을 배우기 쉽게 만들어서 그런 거였네요. 세종 대왕이 천재였어요."

지형이의 말에 선생님과 아이들이 모두 깔깔깔 웃음을 터뜨렸어요.

한글 창제의 원리

세종은 소리를 귀로 듣고 문자로 적으려고 했어요. 그래서 소리를 내어 보고 관찰했지요. 왕자와 공주, 궁녀들을 불러서 소리를 내 보게 하고 소리가 어디에서 어떻게 나오는지 연구했어요. 소리를 내면서 입을 살펴보고 글자를 만드는 일은 쉬운 일이 아니었지요. 다른 나라 문자를 살펴보고 비교해 보며, 해부학 책까지도 보면서 연구했다고 해요. 연구 끝에 세종은 우주를 이루는 하늘, 땅, 사람을 상징하는 모음과, 소리를 낼 때 보이는 입 모양을 본뜬 자음으로 된 총 28자의 글자를 만들었어요.

⊙ 자음(子音)
우리말로 '닿소리'라고 해요. 목구멍에서 숨이 나올 때 그 숨이 어딘가에 닿으면서 만들어진 소리예요. 아이(子)가 엄마 없이 혼자 살 수 없듯이 자음도 혼자서 소리 날 수 없어요.
자음 기본자는 ㄱ, ㄴ, ㅁ, ㅅ, ㅇ이에요.
ㄱ은 혀뿌리가 목구멍을 막는 모양, ㄴ은 혀끝이 윗잇몸에 닿는 모양, ㅁ은 입술을 다문 모양, ㅅ은 이빨 모양, ㅇ은 목구멍의 모양을 본떠서 만든 글자예요. 이 기본 자음 다섯 개에 획을 더하거나 자음을 겹쳐 써서 새로운 자음을 만들었지요.

⊙ 모음(母音)
소리가 날 때 공기가 자연스럽게 흐르면서 어딘가에 닿지 않고 나는 소리예요. 자음과 달리 혼자서도 소리를 낼 수 있기 때문에, 우리말로 '홀소리'라고 해요. 소리를 낼 때는 반드시 모음이 있어야 해요. 모음에는 우주 만물을 담는 창제 원리가 숨어 있어요.
모음 기본자 ·는 하늘을, ㅡ는 땅을, ㅣ는 사람을 상징하는 글자예요. 이 세 개의 모음을 합성해서 초출자 ㅗ, ㅏ, ㅜ, ㅓ를, 두 번 합성해서 재출자 ㅛ, ㅑ, ㅠ, ㅕ를 만들었는데 이것은 모두 하늘, 땅, 사람의 조화를 나타내요.

* 자음(14글자) : ㄱ, ㄴ, ㄷ, ㄹ, ㅁ, ㅂ, ㅅ, ㅇ, ㅈ, ㅊ, ㅋ, ㅌ, ㅍ, ㅎ
* 모음(10글자) : ㅏ, ㅑ, ㅓ, ㅕ, ㅗ, ㅛ, ㅜ, ㅠ, ㅡ, ㅣ
* 점차 쓰지 않아 사라진 글자(4글자) : ㆁ, ㆆ, ㅿ, ·

◉ 한글 기본 자음과 모음의 상형

자음 기본자	ㄱ	ㄴ	ㅅ	ㅁ	ㅇ
발음 형태					
발음 방법	혀뿌리가 목구멍을 먹는 모양	혀끝이 윗잇몸에 붙는 모양	앞니의 모습을 본뜬 모양	입이 위아래 입술을 합하는 모양	목구멍과 입술이 열려 통하는 모양

모음 기본자	·	ㅡ	ㅣ
발음 형태			
발음 방법	입을 연 모양	입을 쭈그린 모양	입을 벌린 모양

훈민정음을 세상에 알리다

세종 대왕: 우리나라 말이 중국과 달라서 중국의 글자인 한자를 가지고는 서로 뜻이 통할 수가 없다. 백성이 하고자 하는 말이 있어도 우리말을 적는 글이 없어서 그 뜻을 나타내지 못한다. 나는 이것을 안타깝게 여겨 새로 스물여덟 글자를 만들었으니……. 흑, 흑!

 승환이는 세종 대왕이 1446년 10월 9일, 훈민정음을 세상에 알리는 장면을 연기하고 있었어요. 그런데 갑자기 목이 메어 말문이 막히고 눈물이 왈칵 쏟아졌어요.
 선생님이 앞으로 나와서 승환이를 안아 주었어요.
 "얘들아, 우리 승환이한테 박수 좀 쳐 줄까? 얼마나 배역에 몰입했으면 연습하다 눈물이 나겠니?"

 몇몇 아이들은 장난스러운 말로 분위기를 밝게 바꿔 보려 했지요.

 "승환아, 누가 보면 네가 한글 만든 줄 알겠어."

 "연습 때도 우는데 무대 올라가면 대성통곡을 하겠네."

 선생님이 다시 밝은 목소리로 말했어요.

 "기왕 분위기 이렇게 된 거 우리 세종 대왕에게 절이나 한 번 할까? 성은이 망극하옵니다."

 친구들도 선생님을 따라서 "성은이 망극하옵니다." 하며 승환이를 향해 외쳤어요.

 선생님이 승환이를 자리로 들여보내고는 칠판에 '訓民正音(훈민정음)'이라고 썼어요.

 "'훈민정음'은 '백성을 가르치는 바른 소리'라는 뜻이에요. 이 뜻만 봐도 세종 대왕이 얼마나 백성을 아끼고 사랑했는지 느껴지지요?"

 눈물을 멈춘 승환이가 선생님에게 물었어요.

 "선생님, 근데 '한글'이라는 말은 언제부터 쓰인 거예요?"

 승환이의 질문에 다른 아이들도 마찬가지로 궁금했었다

며 맞장구를 쳤어요.

선생님은 설명을 이어 갔어요.

"세종 대왕이 '훈민정음'이라고 한 것을 1910년대 초에 와서는 '한글'로 부르게 되었어요. '한글'은 '크고 으뜸가는 글'이라는 뜻이지요. 그 전까지 훈민정음은 계급이 낮은 사람들이 쓰는 글자라며 낮추어 보았거든요. 그러다 1894년 갑오개혁 때 비로소 나라의 공식 문자가 된 거예요. 그 전까지는 '훈민정음'이라는 고운 이름을 두고도 '언문'이라며 낮추어 불렀지요."

그때 집현전 학자 최만리 역을 맡고 있던 태민이가 손을 들었어요.

"선생님, 제가 꼬장꼬장 최만리예요. 최만리 같은 사람이 훈민정음을 무시했잖아요. 최만리는 세종 대왕에게 대들다 감옥까지 갔다 왔대요."

"그래, 그럼 말 나온 김에 오늘 최만리 나오는 장면까지 연습해 볼까?"

그러자 태민이가 몸을 배배 꼬았어요.

"아, 선생님 그 뜻이 아니잖아요."

선생님이 태민이와 승환이를 다시 앞으로 불렀어요.

"아참, 그리고 태민아, 최만리가 감옥에 가긴 갔는데 딱 하루 있었대. 마음 약한 세종 대왕이 바로 풀어 주었다는구나. 그러니 너무 억울해 하지는 마."

최만리: 전하, 부디 훈민정음을 거두어 주시옵소서. 한자가 이미 정착해 있는데 새로운 글자를 만드시다니, 중국의 노여움을 살까 두렵습니다. 훈민정음은 소리를 표기하는 한낱 잔재주에 불과합니다.

세종 대왕: 너는 백성이 처한 어려움보다 중국의 노여움이 더 중요하더냐? 한자로 된 어려운 말들을 훈민정음으로 번역하여 모든 백성들이 쉽게 깨우치도록 할 것이야.

훈민정음을 반대한 최만리

세종은 아끼던 신하인 최만리의 반대에도 불구하고, 백성을 아끼는 마음에 훈민정음의 반포를 강행했어요. 세종은 훈민정음을 반대한 학자들을 옥에 가두었다가 이내 다시 풀어 주었지만, 최만리는 벼슬로 다시 돌아오지 않고 고향으로 내려갔지요. 세종은 최만리가 집현전 부제학으로 다시 돌아오기를 기다렸지만, 최만리는 고향에 묻혀 지내다가 곧 세상을 떠나고 말았답니다.

훈민정음해례본을 만들다

내관: 전하, 훈민정음이 완성되었으니 이제부터는 옥체를 살피셔야 하옵니다.

세종 대왕: 완성이라고 말하기는 이르다. 훈민정음에 담긴 뜻을 아직 백성들에게 알리지 못하였다. 백성들이 그 뜻도 함께 알아야 훈민정음이 분명 이로운 곳에 쓰일 것이다. 그러기 위해서는 훈민정음을 설명하는 책이 반드시 필요하다. 첫 문장을 뭘로 해야 하나 그것이 고민이로다.

내관: 허나 전하, 곧 동이 틉니다. 어서 침소에 드셔야 하옵니다.

세종 대왕: 아, 생각났다. 생각났어. 한번 들어 보거라.

내관: 아, 예.

세종 대왕: '우리나라 말이 중국과 달라서 서로 맞지 않다. 그래서 어리석은 백성들이 하고 싶은 말이 있어도 글을 쓰지 못한다. 이것을 불쌍하게 여겨 새로 스물여덟 글자를 만들었다. 사람들이 쉽게 익혀서 편안하게 쓰게 하기 위함이다.' 어떠한가?

내관: …….

세종 대왕: 김 내관, 김 내관. 어허, 이리 훌륭한 문장 앞에서 잠이 들다니……!

지형이와 승환이가 대사를 마치고 자리로 돌아왔어요. 그런데 지형이가 갑자기 선생님에게 질문을 했어요.

"선생님, 대사에 있어서 알기는 하겠는데, 훈민정음을 설명하는 책이 또 있어요?"

선생님이 좋은 질문을 했다며 지형이를 칭찬하고는 설명을 해 주었어요.

"맞아요. 세종 대왕은 새로운 글자를 만들면서 생각했어요. 새로 만든 이 글자를 사람들이 두루 쓰게 하려면 어떻게 하는 것이 좋을까 하고 말이에요. 아무리 좋은 글자라도 사람들이 쓰지 않으면 죽은 글자가 되는 거니까요. 그래서 만든 게 바로 '훈민정음해례본'이에요."

 아이들이 '해래본', '혜래본'이라며 자꾸 틀리게 발음을 하자 선생님에 칠판에 크게 '해례본'이라고 썼어요.

 "말이 좀 어렵죠? 훈민정음을 알기 쉽게 풀이해 놓은 책이라는 뜻이에요. 세종 대왕은 훈민정음을 만든 3년 뒤에 해례본을 만들었어요. 백성들에게 새로운 글자인 훈민정음을 어떻게 만들었으며 어떻게 읽고 쓰는지 사용 방법을 알려 주고 싶었던 거죠. 해례본에는 훈민정음을 왜 만들었

는지도 자세히 적혀 있어요. 방금 승환이가 한 대사가 바로 그 문장이에요."

그러자 가영이가 갑자기 손을 들고 말했어요.

"선생님, 방금 그 문장은 어디선가 들어 본 것 같아요."

"후훗, 유명한 구절이라 한 번쯤은 다들 들어 봤을 거예요. 그런데 이 해례본에 얽힌 흥미로운 일화가 있는데 한번 들어 볼래요?"

"네!"

아이들이 눈을 반짝이며 큰 소리로 대답했어요.

"1446년에 훈민정음해례본이 만들어졌다는 기록은 있는데, 실제로 책은 전해 내려오지 않았어요. 그런데 1940년 일제 강점기에 경상북도 안동에서 발견된 거예요."

그러자 아이들은 땅에서 발견되었네, 장독에서 발견되었네, 무덤에서 발견되었네 하며 시끌시끌 떠들었어요. 선생님이 손사래를 치며 말을 이어 갔지요.

"그게 아니라, 안동의 한 양반 집안에서 발견이 되었다고 해요. 그런데 이 소식을 아주

반갑게 듣던 사람이 있었어요. 바로 간송 전형필 선생이에요. 간송 선생은 그 당시에 아주 큰 부자였어요. 부모에게 어마어마한 유산을 물려받았거든요. 그런데 고맙게도 간송 선생은 그 돈을 우리나라의 오래된 그림이나 책, 도자기, 불상 같은 문화재를 사는 데 썼어요. 그런 간송 선생의 귀에 훈민정음해례본이 나왔다는 소식이 반갑지 않을 리 없었겠죠? 간송 선생은 곧장 안동으로 가서 훈민정음해례본을 사겠다고 했대요. 그랬더니 안동의 양반이 기와집 한 채 값을 달라고 한 거예요. 그런데 통 큰 간송 선생은 당시 기와집 열 채 값 정도인 만 원을 주고 훈민정음해례본을 샀다고 해요."

기와집 열 채 값이 만 원이라는 말에 아이들이 또 한 번 떠들썩했어요. 민성이가 말했어요.

"제 통장에는 38만원이 있는데, 그럼 기와집 380채를 살 수 있는 거네요? 우아, 진짜 타임머신 타고 그 시절로 가고 싶어요."

그러자 선생님이 말했지요.

"과연 그 시절이 좋을까요? 일제 강점기인데? 그때 일본

은 우리 말과 글을 쓰지 못하게 하고 일본 말만 쓰게 했어요. 그리고 한글보다 일본 글자가 더 뛰어나다고 주장했지요. 그때까지만 해도 해례본이 없어서 한글이 얼마나 훌륭한 글자인지를 증명하기 어려웠던 거예요. 그런데 간송 선생이 딱 해례본을 찾아서 샀으니, 얼마나 멋져요."

진경이가 갑자기 울상인 얼굴로 물었어요.

"혹시 훈민정음해례본을 일본에 빼앗겨서 지금 일본에 있는 건 아니죠?"

선생님이 진경이를 보고 흐뭇하게 웃으며 말했어요.

"그래서 간송 선생도 우리나라가 독립을 할 때까지 해례본의 존재를 공개하지 않았다고 해요. 아마 공개했다면 일본이 가만히 두지 않았겠죠. 그런데 위기가 또 찾아왔어요. 6.25전쟁이 일어났을 때, 간송 선생은 전쟁이 일어나자 해례본을 오동나무 상자에 넣어서 피난을 떠났다고 해요. 잘 때도 오동나무 상자를 베고 잤대요. 그렇게 지켜 낸 소중한 책이 바로 훈민정음해례본이에요. 간송 선생이 산 훈민정음해례본을 '간송본'이라고도 하지요."

재영이가 물었어요.

"선생님, 그래서 일본이 이제는 우리 한글이 훌륭하다고 인정한대요?"

"글쎄? 선생님도 일본의 입장까지는 잘 모르겠지만 세계적으로는 인정을 받았다고 할 수 있어요. 1997년에 유네스코 세계 기록 유산으로 등재되었거든요."

승환이가 조심스럽게 손을 들고 물었어요.

"선생님, 그러면 우리도 이 해례본 책을 실제로 볼 수 있는 거예요?"

그러자 선생님이 웃으며 말했어요.

"물론이죠. 간송 선생님이 모은 문화재를 전시하는 박물관이 있는데, 바로 그 박물관에 보관되어 있어요. 훈민정음 해례본을 처음 공개했을 때 간송본을 직접 눈으로 본 학자들은 가슴이 벅차서 그 앞에서 눈물을 흘렸대요. 승환이도 실제로 보면 눈물깨나 나올걸?"

승환이는 곧 박물관에 가서 훈민정음해례본의 실물을 꼭 보리라 다짐했어요.

4장
훈민정음,
세상에 널리 퍼지다

마지막 연극 연습

백성 1: 아하, 그러니까 이 말이 뭔 말이냐 하면, 지금 함경도에 돌림병이 돌고 있으니 함경도에 가지 말아라 이 말이지?

백성 2: 옳게 읽었구먼. 세상에나 글자를 읽을 줄 아니 얼마나 좋아.

백성 3: 눈이 배로 밝아진 것 같구먼. 세상이 훤해. 얼씨구나절씨구나 지화자 좋다! 임금님 만세!

공연 전날, 교실이 아닌 실제 무대에서 리허설을 하는 날이에요.

음악 담당 진경이가 때에 맞춰 흥겨운 민요 음악을 틀었어요. 장단에 맞추어 백성 역할을 맡은 친구들이 덩싱덩실 어깨춤을 추기 시작했어요. 음악이 갑자기 민요 장단을 입힌 요즘의 댄스 음악으로 바뀌었어요. 옆에 비껴 있던 친구들도 모두 앞으로 나가 춤을 추기로 했지요.

승환이는 쭈뼛쭈뼛하며 앞으로 나갔어요. 머리만 긁적이고 있자 지형이가 승환이의 손을 잡고 흔들어 주었어요. 승환이도 못 이기는 척 살짝살짝 몸을 흔들었지요.

선생님이 무대 아래에서 음악을 끄고 말했어요.

"잘했어. 음악이 이렇게 끝나면 모두 손을 잡고서 인사하고 왼쪽 커튼 뒤로 나가는 거야. 알겠지?"

아직 흥이 다 가시지 않은 아이들은 여전히 무대에서 몸을 흔들고 있었어요. 선생님과 제작진들은 부족한 부분이 없었는지 꼼꼼하게 살피느라 정신이 없었어요.

"의상, 세종 대왕 옷소매가 좀 긴 것 같지 않니?"

"네, 옷핀으로 줄여 둘게요."

"음악! 진경아, 내일도 저 댄스 곡 진짜 틀 거야? 그냥 민요만 틀면 안 되겠니?"

"아, 선생님! 제 선곡 센스 좀 믿으시라니까요."

"소품, 소품! 훈민정음으로 쓰인 방, 틀린 글자는 없는지 다시 확인했지?"

"네!"

승환이는 무대 위에서 객석을 바라보았어요. 얼떨결에 맡은 주인공 역할이지만 그래도 노력할 수 있을 만큼 했다는 생각이 들었어요. 그래서 공연에서 실수를 하든 안 하든 그건 중요할 것 같지 않았어요. 승환이는 이미 공연을 마친 것처럼 마음이 후련했지요.

글을 모르던 백성들이 훈민정음을 통해 세상을 바로 보게 되었듯, 승환이는 연극을 통해 자신의 마음과 친구들의 마음을 더 들여다보게 되었어요. 자신과 친구들 사이를 가로막고 있던 벽이 무너진 느낌이었지요.

 세종 대왕이 그랬듯 늘 성실하게, 자신의 일을 꾸준히 하면 빛나는 결과를 맛볼 수 있다는 것도 알게 되었고요.

 승환이는 노래도 다 끝난 마당에 갑자기 손을 휘저으며 무대를 뛰어다녔어요. 그러다 친구들과 어깨동무를 하고 무대를 뱅글뱅글 돌았어요.

졸업 여행도 세종 대왕과 함께

연극 공연은 무사히 끝이 났어요. 여러 가지 사소한 실수들이 있었지만 모두들 웃고 즐겁게 넘어갔지요.

오늘은 선생님과 친구들이 경기도 여주에 세종 대왕이 잠들어 있는 영릉으로 졸업 여행을 왔어요.

쭉 뻗은 길을 앞에 두고 선생님이 말했어요.

"이 길은 정자각으로 가는 길인데, 이 길로 세종 대왕의 혼이 다니지 않을까?"

다른 친구들도 선생님의 뒤를 따라갔어요.

길 위에서 유령처럼 손을 흔들고 장난치며 가는 친구들도 있었지요.

승환이는 마치 세종 대왕이 걸어가는 뒷모습을 보고 있기라도 한 듯 멍하니 앞을 바라보았어요. 마치 세종 대왕의 발자국이 느껴지는 기분이 들었지요.

정자각 뒤로 길게 난 양쪽 계단을 오르자, 세종 대왕과 소헌 왕후가 함께 묻힌 커다란 무덤이 나왔어요. 선생님이 무덤을 가리키며 또 설명을 이어 갔어요.

"보통 왕의 능은 능 주변을 화려한 돌 조각으로 둘러 장식을 해요. 그걸 '병풍석'이라고 하는데, 능을 보호하는 역할도 하죠. 그런데 세종 대왕은 자신의 무덤을 간소하게 만들라는 유언을 했다고 해요. 그래서 이렇게 화려한 병풍석 대신 간단한 난간석이 있는 거예요. 무덤을 꾸미느라 수많은 백성들이 공사에 동원되어야 하는 일을 피하려고 했던 거지요. 어때요, 죽으면서까지도 백성들을 생각한 세종 대왕의 마음이 느껴지나요?"

승환이도 세종 대왕의 무덤을 천천히 바라보았어요. 무덤인데도 전혀 무섭지 않았어요. 부드럽게 느껴지는 둥근 무덤과 무덤을 둘러싼 소나무들, 바닥에 깔린 푸릇한 잔디가 마음을 편하게 했지요. 세종 대왕이 승환이의 어깨를 두

드리며 말을 거는 것만 같았어요.

"승환아, 찾아와 주어 참 고맙구나."

백성을 사랑한 왕, 세종

세종 대왕은 누구보다도 백성을 아끼고 사랑한 왕이었어요. 한글을 만든 것도 백성을 아끼는 마음이 아니었으면 힘든 일이었을 거예요. 세종은 백성이 넉넉하고 풍요롭게 살 수 있는 나라를 만들기 위해 다양한 방면으로 애를 썼어요. 우리 사정에 맞는 농사 기술을 다룬 책을 지어 농업을 발달시켰어요. 그리고 다른 민족이 자꾸 침입해 오자 나라를 튼튼히 하고 백성들의 삶을 안정시키기 위해 군사를 강화시키고, 새로운 무기를 개발했으며 전쟁에 대비해 성을 쌓았지요. 당시 압록강과 두만강 주변에 살던 여진족이 걸핏하면 국경을 넘어오자, 김종서 장군과 최윤덕 장군에게 여진족을 물리치게 했어요. 김종서는 두만강 주변에 6개의 성을 개척하게 하고, 최윤덕 장군에게는 압록강 일대에 4군을 설치하도록 하여 영토를 늘렸어요. 또한 세종은 흉년이 들어서 굶주리는 백성에게는 꾸어 간 곡식을 갚지 못하더라도 억지로 받아 내지 않도록 했으며, 인재를 등용해서 자신의 능력을 마음껏 펼칠 수 있는 기회를 주었어요. 세종 때의 유명한 과학자인 장영실은 관가의 노비 신분이었지만, 세종은 그의 뛰어난 과학적 재능을 마음껏 펼칠 수 있도록 노비 신분에서 벗어나게 하고 벼슬을 내렸어요. 그 결과 간의, 혼천의, 자격루 등의 천체 기구를 만들면서 천문학을 크게 발달시켰답니다.

세종 대왕 동상
서울 광화문 광장에 있는 세종 대왕 동상이에요.

앙부일구
세종 때 장영실, 이천 등이 만든 해시계, '앙부일구'예요. 기록에 의하면 세종은 글을 모르는 백성들을 위해 12지신을 그림으로 그려 시간을 알게 했다고 해요.

자랑스러운 한글

◆ 문자의 필요성

문자는 인간의 문명을 발달시키는 데 아주 큰 역할을 했어요. 문자를 통한 기록이 있었기에 역사가 발전할 수 있었고, 새로운 지식과 학문뿐 아니라 문학과 예술 등이 탄생할 수 있었지요.
지구상에 존재하는 수천 개의 언어 중에 문자가 있는 언어는 약 50개밖에 되지 않아요. 이 중에 우리가 사용하는 한글은 전 세계적으로 우수한 문자로 인정받고 있어요.

◆ 한글이 우수한 까닭

① 제자 원리가 독창적이고 과학적인 문자예요.

* 모음자 : 하늘, 땅, 사람을 본뜬 기본 문자 'ㆍ','ㅡ','ㅣ'를 끼리끼리 합쳐서 'ㅗ','ㅏ','ㅜ','ㅓ'와 같은 나머지 모음자를 만들었어요.

예) ㆍ+ㅡ ⇨ ㅗ / ㅣ+ㆍ ⇨ ㅏ / ㅡ+ㆍ ⇨ ㅜ / ㆍ+ㅣ ⇨ ㅓ

* 자음자 : 발음 기관의 모양을 본뜬 'ㄱ,ㄴ,ㅁ,ㅅ,ㅇ'의 기본 문자에 획을 더하거나 같은 문자를 하나 더 써서 'ㅋ,ㄲ'과 같은 자음자를 만들었어요.

예) ㄱ+ㄱ ⇨ ㄲ

② 적은 수의 문자로 아주 많은 소리를 적을 수 있는 문자예요. 자음과 모음 24자의 문자로 사람의 입에서 나오는 대부분의 소리들을 쉽게 적을 수 있는 문자예요.

③ 쉽고 빨리 배울 수 있는 문자예요. 26자인 영어의 알파벳은 대

문자와 소문자, 필기체와 인쇄체 등을 모두 알아야 하니 100개가 넘고, 중국어로 쓰는 문자는 3500자예요. 일본의 가나도 모든 문자를 따로 익혀야 해요. 하지만 한글은 기본 자음자 5개, 모음자 3개만 익히면 다른 문자도 쉽게 익힐 수 있어요.

④ 컴퓨터, 휴대 전화 등 기계화에 아주 잘 맞는 문자예요. 자음자와 모음자를 번갈아서 쓰고 획을 더하는 원리로 만들어졌기 때문이지요. 휴대 전화로 문자를 보낼 때 한글로 5초 만에 쓸 수 있는 문장을 중국어나 일본어로는 35초가 걸린다는 연구도 있다고 해요.

◆ 한글을 사랑한 주시경

주시경은 1876년 12월 22일 황해도 봉산에서 태어났어요. 주시경은 어릴 때부터 잘 못 알아듣던 한문 글귀보다는 쉽게 읽고 쓸 수 있는 한글을 쓰는 것이 더 좋다고 생각했어요. 한글에 점점 빠져들었던 주시경은 19세에 배재학당에 입학해서, 한글 연구에 필요한 다양한 지식들을 쌓아 나갔어요. 어려운 가정 형편 때문에 인쇄소에서 일하면서 공부해야 했지만, 한글 연구를 게을리하지 않았지요. 당시 우리나라 사람들이 볼 만한 우리말 문법책이 없는 것을 안타깝게 여겼던 주시경은 사람들이 쉽게 볼 수 있는 문법책을 만들기로 결심하고는, 1906년에 《대한 국어 문법》이라는 책을 펴냈어요.
이 책에는 우리말을 바르게 쓰기 위한 규칙과 문법을 담고 있었어요. 이후 주시경은 한글을 연구하는 학자로 널리 알려졌고, 많은 사람들이 한글을 가르쳐 달라며 주시경에게 부탁을 했어요. 그때마다 주시경은 학생들을 가르칠 책과 자료들을 담은 보따리를 들고 달려갔지요. 그래서 '주 보따리'라는 별명도 붙었다고 해요. 당시는 다른 나라들이 우리나라를 서로 차지하려던 때예요. 그럴수록 우리말과 글이 우리나라 사람들에게 힘이 될 거라고 믿었던 주시경은 한글 사랑을 몸소 실천한 학자예요.

국어사전 바르게 사용하기

◆ **국어사전은 왜 필요할까요?**

책을 읽거나 신문을 읽을 때, 광고문이나 안내문, 제품 사용 설명서 등 우리 생활 속에서 낱말의 뜻을 잘 모르거나 이해하기 어려울 때 낱말의 뜻을 찾아볼 수 있는 국어사전이 필요해요.

◆ **국어사전 살펴보기**

국어사전은 종이 사전, 전자사전, 인터넷 사전 등 그 종류도 아주 다양해요. 초등학생이 쓰기에 적절한 낱말의 수가 들어 있는 사전을 고르는 것이 좋아요.

자음이 시작되는 부분에 자음이 크게 표시되어 있어요.

ㄱ

ㄱ [기역]「명사」한글 자모의 첫째 글자
가 [가:]「명사」
① 경계에 가까운 바깥쪽 부분
② 어떤 중심이 되는 곳에서 가까운 부분
③ 그릇 따위의 아가리의 주변
④ (일부 명사에 붙어)'주변'의 뜻을 나타내는 말

낱말의 뜻풀이예요. 하나의 뜻을 가진 경우도 있는데, 여러 개의 뜻을 가진 경우에는 여러 개의 뜻을 표시해 주어요.

[ ] 안에는 낱말의 발음이 표시되어 있어요. 낱말을 읽을 때와 쓸 때 소리가 달라지는 경우에 표시되어 있어요. ' ː '는 긴소리를 나타내는 기호예요.

◆ 국어사전에서 낱말 찾기

① 국어사전에 낱말은 'ㄱㄴㄷㄹㅁㅂ' 순서로, 'ㄱ' 다음에는 'ㄲ'이, 'ㄷ' 다음에는 'ㄸ'이 오는 식으로 실려 있고, 모음자는 'ㅏㅑㅓㅕ' 순서로 실려 있어요. 국어사전에서 낱말이 실린 순서를 살펴보면, 첫 번째 글자의 첫 자음자가 같은 낱말들끼리 모여 있어요. 따라서 첫 번째 글자의 첫 자음자를 먼저 살펴보아야 해요. 그 다음에 모음자, 받침의 순서대로 낱말이 쓰인 글자의 낱자가 짜인 순서대로 찾아요.

예) 찾는 낱말 : 우정
첫 번째 글자인 '우'를 찾고, 두 번째 글자인 '정'을 찾아야 하는데,
우정 ➡ ㅇ + ㅜ + ㅈ + ㅓ + ㅇ 이므로,
각각 낱자인 'ㅇ, ㅜ, ㅈ, ㅓ, ㅇ'의 순서대로 찾아요.

② 낱말의 종류에는 '인형', '의자', '엄마'처럼 사람이나 사물의 이름을 나타내는 말이 있고, '차다', '높다'처럼 상태나 성질을 나타내는 말, '뛰다', '먹다'처럼 움직임을 나타내는 말이 있어요. 이름을 나타내는 낱말은 형태가 변하지 않지만, 성질이나 상태를 나타내는 낱말과 움직임을 나타내는 낱말은 상황에 따라 형태가 변해요.

예) 높다 ➡ 높고, 높아서, 높으니……
    먹다 ➡ 먹고, 먹어서, 먹으니……

형태가 바뀌는 낱말의 경우, 국어사전에서는 이 말들의 대표 낱말만 실어 주어요. 이 대표 낱말을 '기본형'이라고 해요. 형태가 바뀌지 않는 부분에 '-다'를 붙인 것이 바로 기본형이에요.
즉 '높다', '먹다' 등이 기본형으로, 국어사전에서는 기본형으로 찾아야 해요.

예) 찾는 낱말 : 덮어서
'덮고', '덮어서', '덮으니' 등 여러 가지 형태로 변화하는 말이므로, 변하지 않는 부분 '덮'에 '-다'를 붙인 '덮다'(기본형)를 찾아요.

 08

세종 대왕, 바른 소리를 만들다 한국학교사서협회 추천

펴낸날 초판 1쇄 2019년 10월 9일 | 초판 5쇄 2025년 11월 24일

글 정수희 | **그림** 김병하 | **감수** 신봉석
편집 송진아 | **디자인** 손미선 | **홍보마케팅** 이귀애 이민정 | **관리** 최지은 강민정
펴낸이 최진 | **펴낸곳** 천개의바람 | **등록** 제406-2011-000013호 | **주소** 서울시 영등포구 양평로 157, 1406호
전화 02-6953-5243(영업), 070-4837-0995(편집) | **팩스** 031-622-9413
사진 국립중앙박물관, 문화재청, Shutterstock

ⓒ정수희·김병하, 2019 | ISBN 979-11-90077-21-7 73990

* 이 책은 저작권법에 따라 보호받는 저작물이므로 무단전재와 무단복제를 금지하며,
  이 책 내용의 전부 또는 일부를 이용하려면 반드시 저작권자와 천개의바람의 서면 동의를 받아야 합니다.

* 이 도서의 국립중앙도서관 출판시도서목록(CIP)은 서지정보유통지원시스템 홈페이지(http://seoji.nl.go.kr)와
  국가자료공동목록시스템(http://www.nl.go.kr/kolisnet)에서 이용하실 수 있습니다.(CIP 제어번호 : CIP 2019037859)

* 잘못 만든 책은 구입하신 서점에서 바꾸어 드립니다. 천개의바람은 환경을 위해 콩기름 잉크를 사용합니다.
* 종이에 베이거나 긁히지 않도록 조심하세요. 책 모서리가 날카로우니 던지거나 떨어뜨리지 마세요.

제조자 천개의바람 **제조국** 대한민국 **사용연령** 10세 이상